Oberthür, Rainer/Seelig, Renate:
Die Weihnachtserzählung
ISBN 978 3 522 30670 6

Text: Rainer Oberthür
Illustrationen: Renate Seelig
Covergestaltung und Einbandtypografie: Hanna Hildenbrand, formlabor
unter Verwendung und Ergänzung der Originalillustration von Renate Seelig
Satz: Bettina Wahl
Reproduktion: Martin Frischauf, Schwabenrepro
Druck und Bindung: Livonia Print, Riga
© der Originalausgabe 2011 und dieser Neuausgabe 2024 Gabriel
in der Thienemann-Esslinger Verlag GmbH, Blumenstraße 36, 70182 Stuttgart
Bei Fragen zum Produkt: service@thienemann.de
2. Auflage 2025
Printed in Latvia. Alle Rechte vorbehalten.

www.thienemann.de

Rainer Oberthür   # Die   Renate Seelig

# WEIHNACHTS ERZÄHLUNG

Gabriel

»Warum feiern wir eigentlich Weihnachten, Papa?«

»Das hat etwas mit dem Leben von Jesus zu tun.

Ich erzähl es dir. Als Jesus ungefähr dreißig Jahre alt war,

sammelte er Männer und Frauen um sich und zog mit ihnen

durch das Land. Seine Worte und Taten beeindruckten viele.

Sie ahnten, bei Jesus ist Gott ganz nah.

Menschen wurden bei ihm wieder gesund.

Jesus erzählte Geschichten von einer neuen Zeit bei Gott,

die mit ihm schon anfing. Er machte den Menschen Mut zum Leben

in einer Zeit, in der die Römer sie nicht frei leben ließen.

Die Römer aber fürchteten um ihre Macht und kreuzigten Jesus.

Doch Jesu Tod war nicht das Ende. Jesu Freunde erfuhren und glaubten:

Jesus ist auferstanden und geht weiter mit uns.

Und jetzt kann ich deine Frage beantworten: Am Weihnachtsfest feiern wir,

dass Jesus geboren wird und zu uns auf die Erde kommt.«

»Wann wurde Jesus denn geboren?«

»Den Tag und das Jahr wissen wir nicht genau,

denn es ist mehr als zweitausend Jahre her.«

»Aber ich dachte, Weihnachten ist sein Geburtstag.«

»Erst ungefähr dreihundert Jahre nach Jesu Tod und Auferstehung

begannen die Christen auch die Geburt Jesu zu feiern.

Sie wählten dafür den dunkelsten Tag des Jahres,

an dem die Römer die Sonne als unbesiegbaren Gott verehrten.

Denn für uns Christen ist Jesus die Sonne, die von Gott kommt.

In der Nacht vom 24. zum 25. Dezember feiern wir immer neu die Geburt Jesu.

Von Anfang an sahen die Menschen in Jesus ein Licht von Gott.

Sie hatten erfahren, dass Jesus auferweckt und wieder bei Gott ist.«

»Dann feiern wir also Weihnachten, weil wir Ostern feiern?«

»Genau, das Licht der Weihnachtskerzen kommt von der Osterkerze.«

»Und was steht darüber in der Bibel?«

»So richtig ausführlich erzählten davon zuerst Matthäus und Lukas in ihren

Evangelien. Das war ungefähr fünfzig Jahre nach Jesu Auferstehung.

Sie sagen weiter, wer Jesus für sie und alle Menschen ist.

Denn Menschen brauchen Geschichten, damit der Glaube lebendig bleibt.«

»Diese Geschichte will ich auch hören, Papa!«

»Dann erzähle ich dir zuerst, wie Matthäus es aufgeschrieben hat.

Dieses ist das Buch vom Anfang von Jesus Christus, den wir Abrahams Sohn nennen, also den Sohn vom Vater vieler Menschen, und den wir auch Davids Sohn nennen, also den Sohn vom König des Volkes Israel. Denn Jesus gehört zu Israel, zu Abraham, Isaak und Jakob, zu Ruth und David, und auch zu Josef, dem Mann von Maria, die Jesus zur Welt brachte. Mit Jesus Christus geht die Geschichte weiter, die Gott mit dem Volk Israel und mit allen Menschen begonnen hat.
Jesus wird ein Mensch auf der Erde.
Das geht nicht ohne Gott im Himmel.

Maria war mit Josef verlobt. Sie erwartete ein Kind, geschenkt durch
den Heiligen Geist. Josef wollte sich still von ihr trennen. Da erschien ihm
im Traum ein Engel Gottes und sprach: »Josef, hab keine Angst, Maria zu
heiraten. Ihr Kind ist vom Heiligen Geist. Sie wird einen Sohn zur Welt bringen.
Gib ihm den Namen Jesus. Dieser Name heißt: Gott hilft. Denn Jesus
wird sein Volk retten.«
Alles geschah so, wie es vor langer Zeit der Prophet Jesaja gesagt hatte:
»Seht, eine Jungfrau wird ein Kind empfangen und einen Sohn zur Welt bringen.
Sein Name wird sein: Gott mit uns.«
Josef wurde wach und hörte auf die Worte des Engels. Er nahm Maria an
als seine Frau, und als sie ihren Sohn gebar, rief Josef seinen Namen:
»Du bist Jesus!«

Jesus wurde zur Zeit des Königs Herodes in Betlehem geboren. Aus dem Osten kamen kluge Sterndeuter nach Jerusalem und fragten: »Wo ist der neugeborene König der Juden? Wir haben seinen Stern aufgehen sehen und kommen aus einem fernen Land, um ihn zu ehren.«

So hatte es schon der Prophet Bileam vorhergesagt: »Ein Stern wird aufgehen in Israel, wenn von Gott der Retter kommt.«

Da erschrak König Herodes, denn er fürchtete um seine Macht. Er rief die Hohenpriester und Schriftgelehrten und erkundigte sich, wo der Erlöser geboren werden solle. Sie antworteten: »In Betlehem!«

Denn der Prophet Micha hatte vorhergesagt: »Aus Betlehem kommt ein Herrscher einer neuen Zeit, der mein Volk Israel führen wird wie ein guter Hirte seine Herde.«

Da rief Herodes die Sterndeuter zu sich und fragte sie, wann der Stern genau erschienen war. Er forderte sie auf: »Forscht nach dem Kind und meldet mir, wenn ihr es gefunden habt, damit ich es auch anbeten kann!«

Doch Herodes hatte Böses im Sinn.

Die Sterndeuter gingen nach Betlehem und der Stern ging ihnen voran.
Er blieb über dem Ort stehen, wo das Kind war. Da brachen sie in Jubel aus.
Sie gingen in den Stall und sahen das Kind mit seiner Mutter Maria.
Sie fielen auf die Knie und beteten es an.
Sie schenkten dem Kind ihre Schätze: Gold, Weihrauch und Myrrhe.
Es war wie im Traum des Propheten Jesaja vom Ende der Zeiten, wenn
Gottes Licht erstrahlt und die Menschen von überall her zu Gott kommen.
Bevor sie weiterreisten, bekamen die Sterndeuter im Traum einen Auftrag
von Gott, nicht zu Herodes zurückzukehren. So zogen sie auf anderen
Wegen in ihr Land zurück.

Ein Engel Gottes erschien Josef im Traum und sagte: »Steh auf,
nimm das Kind und seine Mutter und flieh nach Ägypten. Bleibe dort,
bis ich dir etwas Neues sage, denn Herodes will das Kind töten.«
Da stand Josef noch in der Nacht auf, floh mit Kind und Mutter
und blieb in Ägypten bis zum Tod des Herodes.
So wurde wahr, was Gott durch den Propheten Hosea gesagt hatte:
»Aus Ägypten habe ich meinen Sohn gerufen.«

Als Herodes gestorben war, erschien der Engel Gottes wieder und sagte:
»Steh auf, nimm das Kind und seine Mutter und zieh in das Land Israel,
denn die Menschen, die das Kind töten wollten, sind gestorben.«
Da stand er auf und zog mit Kind und Mutter von Ägypten zurück
nach Israel, so wie einst Gott das Volk Israel aus der Gefangenschaft
in Ägypten befreite. Damals hatte Mose das Volk geführt. Nun kam
Jesus als der neue Mose.
Josef erhielt im Traum den Auftrag, nach Galiläa zu gehen. Er ließ
sich mit Maria und Jesus in der Stadt Nazaret nieder.

So enden die Geschichten des Evangelisten Matthäus vom Anfang Jesu.

Das Kind aus Betlehem kommt über Ägypten nach Nazaret.

Als Kind kommt Jesus vom Himmel zur Erde und wird von Gott gerettet.

Als Mann wird er Jesus von Nazaret genannt und rettet selbst die Menschen.«

»Was sind eigentlich Propheten und warum erzählt Matthäus so oft von ihnen?«

»Die Propheten sind Boten und Sprecher Gottes, die immer

wieder in den Heiligen Schriften den Retter angekündigt haben.

Matthäus will den Juden seiner Zeit sagen:

Jesus ist der Retter, auf den wir schon so lange warten.

Und uns Christen sagt er bis heute: Ihr versteht Jesus nicht,

wenn ihr die Heiligen Schriften nicht kennt.«

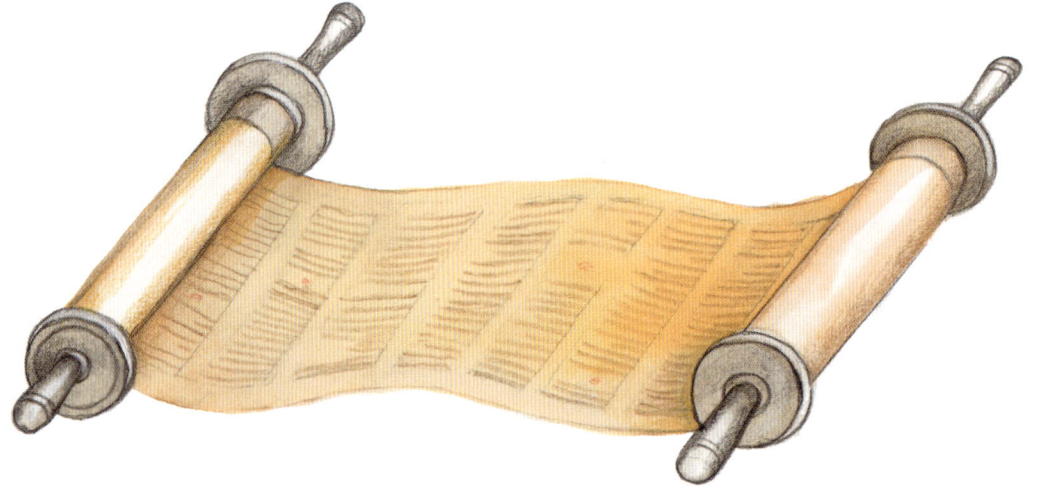

»Aber von der Geburt Jesu erzählt Matthäus nicht viel.
In unserer Kirche steht doch zu Weihnachten immer eine Krippe im Stall.
Dort sind auch noch Ochs und Esel, die Engel und die Hirten.«
»Matthäus will keine Einzelheiten von der Geburt berichten.
Er erzählt von einem Wunder: Gott schenkt uns den Sohn,
er wird von einer Frau geboren und der Vater gibt ihm den Namen.
Bei unserer Krippe sind aus den Sterndeutern
die Heiligen Drei Könige geworden.
Sie sind verschieden alt dargestellt, als Jüngling, Mann und Großvater.
Sie kommen aus Afrika, Asien und Europa, den damals bekannten Erdteilen.
Sie stehen für die ganze Menschheit – alle können zu Jesus kommen!«

»Und welche Geschichten kennt der andere Erzähler von der Geburt Jesu?«
»Du wirst staunen über das, was Lukas vom Lebensanfang Jesu erzählt!
Vielleicht wird ja unsere Krippe aus den erzählten Figuren dann vollständig!
Bei Lukas sind Maria und Josef schon von Beginn an in Nazaret.
Zuerst erzählt er aber noch von einer anderen wunderbaren Geburt.

Als König Herodes der römische Herrscher über Judäa war, lebten
dort der Priester Zacharias und seine Frau Elisabet. Sie wünschten
sich Kinder, doch sie konnten keine bekommen. Da erschien Zacharias
beim Tempeldienst ein Engel Gottes.
Es war Gabriel, das heißt: Gott ist meine Kraft. Er sprach: »Hab keine Angst!
Dein Gebet wurde erhört. Elisabet wird einen Sohn gebären, den wirst
du Johannes nennen. Ein Großer wird er sein in den Augen Gottes.
Viele wird er von Gott überzeugen. Er wird das Volk darauf vorbereiten,
dass Gott selber kommt.«
Und tatsächlich empfing Elisabet bald darauf einen Sohn.

Gott schickte den Engel Gabriel zu einer Jungfrau nach Nazaret. Ihr Name
war Maria und sie war verlobt mit Josef. Der Engel trat ein und sprach: »Sei
gegrüßt Maria, Gott ist mit dir.« Maria erschrak, doch der Engel sprach: »Hab
keine Angst, Gott hat dich auserwählt. Du wirst einen Sohn zur Welt bringen.
Gib ihm den Namen Jesus! Gott wird ihm den Thron Davids geben. König
wird er sein für alle Zeit.«

Maria sagte: »Wie soll das möglich sein, ohne Mann ein Kind zu bekommen?«
Der Engel sprach: »Der Heilige Geist wird zu dir kommen. Umhüllen wird dich
die Kraft Gottes. Deshalb wird das Kind heilig und Sohn Gottes genannt werden.
Auch deine Verwandte Elisabet wird im hohen Alter ein Kind bekommen.
Denn bei Gott ist nichts unmöglich.«

Da sagte Maria: »Was Gott will, das werde ich tun. Mir soll geschehen,
wie du gesagt hast!« Danach verschwand der Engel.

Maria machte sich auf den Weg und eilte in ein Dorf in den Bergen Judäas.
Sie ging in das Haus des Zacharias und begrüßte Elisabet. Da hüpfte das Kind
im Bauch von Elisabet vor Freude. Auch Elisabet jubelte und rief laut: »Gesegnet
bist du, Maria, mehr als alle anderen, und gesegnet ist das Kind in deinem Leib.
Womit habe ich es verdient, dass die Mutter des Herrn mich besucht?«

Da sprach Maria feierlich:

»Meine Seele lobt die Größe Gottes,

mein Geist jubelt über Gott, meinen Retter,

denn auf eine einfache Frau wie mich hat Gott geschaut.

Von nun an werden alle mich glücklich preisen,

denn der starke Gott hat Großes an mir getan.

Gott ist gut zu allen, die ihn hoch achten.

Gott stürzt die Mächtigen vom Thron und richtet die Elenden auf.

Hungernden schenkt Gott seine Gaben, die Reichen gehen leer aus.«

Drei Monate blieb Maria bei Elisabet.

Dann kehrte sie nach Hause zurück.

Elisabet brachte einen Sohn zur Welt und freute sich mit ihren
Nachbarn und Verwandten. Am achten Tag wollten sie dem Kind
den Namen seines Vaters geben.

Doch Elisabet und Zacharias widersprachen: »Nein, Johannes soll er heißen!«
Da wunderten sie sich. Sie merkten, dass Gottes Hand mit dem Kind war.
Zacharias sagte: »Gelobt sei Gott, denn er lässt Jesus als starken Retter
zu uns kommen. Du, mein Kind, wirst ihm den Weg bereiten.
Jesus wird ein Licht aus der Höhe sein – für alle, die tief im Dunkeln sitzen.
Jesus wird uns auf den Weg des Friedens führen.«
Und Johannes wuchs heran und wurde klug.

In jenen Tagen erließ der römische Kaiser Augustus den Befehl:
»Alle Bewohner des Landes müssen sich an ihrem Heimatort in
Steuerlisten eintragen lassen!«
Da ging auch Josef, der von David abstammte, aus Nazaret in Galiläa
hinauf nach Judäa in die Stadt Davids, die Betlehem heißt. Er wollte
sich eintragen lassen mit seiner Verlobten Maria. Maria erwartete ein Kind.
Als sie dort waren, da geschah es: Maria brachte ihren Sohn zur Welt,
den Erstgeborenen. Sie wickelte ihn in Windeln und legte ihn in eine
Futterkrippe, da im Gasthaus kein Platz für sie war.

In der Gegend lagerten Hirten auf freiem Feld in der Nacht.

Wie damals der Hirtenjunge David bewachten sie die Herde.

Da trat ein Engel Gottes zu ihnen und der helle Glanz Gottes umstrahlte sie.

Sie fürchteten sich sehr, doch der Engel sprach:

»Habt keine Angst, denn ich bringe euch eine große Freude für das ganze Volk.

Heute ist euch in der Stadt Davids der Retter geboren:

Es ist der Messias, es ist Christus, der Herr!

Das Zeichen soll für euch sein: Ihr werdet ein kleines Kind finden,

in Windeln gewickelt liegt es in einer Krippe.«

Und plötzlich war der ganze Himmel voll mit Engeln, die lobten

Gott und riefen: »Herrlich ist Gott in den Höhen und Frieden

ist bei den Menschen auf Erden, die Gott wohlgefallen.«

Da sprachen die Hirten: »Kommt, wir gehen nach Betlehem,
um das Ereignis selbst zu schauen, das Gott uns verkünden ließ.«
Sie eilten hin und fanden Maria und Josef und das Kind in der Krippe.
Als sie es sahen, erzählten sie weiter, was ihnen über das Kind gesagt worden war.
Alle, die es hörten, staunten über die Worte der Hirten.
Maria behielt alles, was geschehen war, tief in ihrem Herzen.
Die Hirten kehrten heim und lobten Gott für alles, was sie gehört
und gesehen hatten.
Als acht Tage vorüber waren, erhielt das Kind seinen Namen:
Sie nannten es Jesus, wie der Engel es gesagt hatte.

Als vierzig Tage vorüber waren, brachten die Eltern Jesus
nach Jerusalem, um ihn Gott zu zeigen und Gott zu danken.
In Jerusalem lebte Simeon. Er wartete auf die Rettung Israels.
Der Heilige Geist hatte ihm angekündigt, er werde noch vor
seinem Tod den Retter der Welt sehen. Er kam gerade in den Tempel,
als die Eltern Jesus hineinbrachten.
Da nahm Simeon das Kind in seine Arme und lobte Gott:
»Nun kannst du mich in Frieden sterben lassen, mein Gott,
denn meine Augen haben das Heil gesehen.
Ich sehe, wie durch dich Rettung kommt.

Du hast ein Licht angezündet für alle Menschen der Welt,

eine Herrlichkeit bist du für dein Volk Israel.«

Josef und Maria staunten über diese Worte.

Auch die alte Prophetin Hanna stimmte ein Lied zum Lob Gottes an.

Sie erzählte von dem Kind allen, die auf die Befreiung Jerusalems warteten.

Schließlich kehrten die Eltern Jesu zurück nach Nazaret in Galiläa.

Das Kind wuchs heran und wurde klug.

Gott schenkte ihm Weisheit und Segen.

So enden die Geschichten von Lukas über Jesu Geburt.

Von Anfang an spüren die Menschen, dass Jesus etwas Besonderes ist.«

»Ich verstehe nicht, wie Jesus in Marias Bauch kam?«

»Wie das möglich ist, kann ich dir nicht erklären. Es bedeutet:

Gott kann eingreifen in unsere Welt, kann Neues erschaffen,

ohne dass die Menschen etwas dazu tun. Bis heute geschieht das.«

»Wollte Jesus denn den Römern die Macht wegnehmen

und selber König werden.«

»Nein, das hatte er nie vor. Kaiser Augustus wurde

von den Römern als Gott und Friedensbringer verehrt,

doch sein Frieden kam durch Krieg und Gewalt.

Lukas dagegen erzählt: In eine Welt, in der ein Kaiser herrscht,

kommt ein armes Kind. Doch Gottes Herrlichkeit strahlt nicht

im Kaiser, sondern im Kind. Jesus bringt den wahren Frieden.

Bis zum Tod wird er auf Gewalt verzichten.«

»Was wurde denn aus Johannes?«

»Johannes taufte viele Menschen, auch Jesus,

der als Erwachsener zu ihm kommt.

Da ist der Himmel offen:

Der Geist Gottes ist zu sehen in Gestalt einer Taube und

eine Stimme ist zu hören, die zu Jesus sagt:

›Du bist mein geliebter Sohn!‹«

»Lukas hat von allen aus unserer Kirchenkrippe erzählt, die bei Matthäus fehlten.
Nur von Ochs und Esel habe ich nichts gehört.«

»Lukas selbst erzählt nicht von Ochs und Esel. Doch beim Propheten Jesaja
steht: Der Ochse kennt seinen Besitzer und der Esel die Krippe seines Herrn.
Das haben Christen in die Krippengeschichte von Lukas hineingelesen.
Dann haben Künstler Bilder gemalt, auf denen Jesus zwischen Ochs
und Esel liegt. Und heute gehören Ochs und Esel zu jeder Krippe.«

»Dann ist mit dem Herrn der Tiere wohl Gott gemeint, zu dem Ochs
und Esel kommen. Ja, und eigentlich auch das Jesuskind.«

»Stimmt! Der eine Gott der Juden und Christen ist gemeint und die Krippe
kann ein Bild sein für die gemeinsame Heilige Schrift,
in der Jesus mittendrin liegt.«

»Und der kleine Jesus wird uns, wenn er groß ist, von Gott erzählen?«

»Ja, wir können mit ihm groß werden und glauben lernen.
Lukas und Matthäus wollen aber noch mehr sagen: Jesus ist gleichzeitig
ganz Mensch und ganz Gott. Nach Jesu Auferstehung begreifen die Menschen:
In Jesus kommt Gott selbst zu uns auf die Erde und wird Mensch.«

»Das also ist der wahre Grund, warum wir Weihnachten feiern?«

»So ist es: Gott macht sich klein und wird ein Kind. Der Evangelist Johannes
schreibt: In die Welt kam das Licht, das in jedem Menschen strahlt.
Niemand kann Gott sehen. Doch der Sohn zeigt uns, wie Gott wirklich ist.«

»Wenn das so ist, Papa, dann stört es mich nicht mehr, dass Gott unsichtbar ist.
Dann kann ich ja auf Jesus schauen und dabei Gott sehen.«

Die Krippe und das Kreuz gehören zusammen.
Wer die Erzählungen von Jesu Leben, Tod und Auferstehung kennt,
kann Weihnachten wirklich feiern.

Das Alte und das Neue Testament gehören zusammen.
Wer die Worte der Propheten kennt, kann die Geschichten
über Jesu Kindheit wirklich verstehen.
Alle kommen zu Jesus.

Alle sind da und freuen sich über Gott,
der im Kind Mensch wird,
über die Botschaft von der Liebe
und vom Frieden!